ALPHABET

DE

L'ENFANT JÉSUS

EN VENTE

Chez LEMOINE, LIBRAIRE

2, Place Vendôme, 2

PARIS

ALPHABET

DE

L'ENFANT JÉSUS

EN VENTE

CHEZ LEMOINE, LIBRAIRE

2, Place Vendôme, 2

PARIS

PRÉFACE

Je mets cet Alphabet sous la protection de la Sainte Enfance de Jésus.

Je me suis figuré que ce devait être un tableau touchant que celui de l'Enfant divin apprenant ses lettres sur les genoux de sa Mère terrestre, et j'ai pensé que ce serait un heureux principe

pour nos propres enfants que
de leur proposer, dès les genoux maternels, l'imitation
de l'Enfant Dieu.

Donc, le titre de mon Al-
phabet rappellera cette in-
tention aux Mères et aux
Enfants, et leur sera d'un
grand zèle et d'un grand
profit.

C'est la grâce que je leur
souhaite.

BENJAMIN BARBÉ.

AVIS

Les lettres de cet Alphabet doivent être apprises selon la methode proposée par MM. de Port-Royal.

Ainsi, qu'on oublie les noms de **bé, cé, dé, effe, gé, ache, ji, ka, elle, emme, enne, eu, erre, esse, vé, ixe, zède,** donnes vulgairement aux consonnes, et qu'on leur donne les noms de **be, ce, de, fe, ge, he, je, ke, le, me,**

ne, pe, que, re, se, te, ve, xe, ze. C'est
sous ces noms surtout qu'il faut les
enseigner aux enfants. Par ce moyen
l'épellation devient un jeu pour eux.

Ainsi pour épeler les mots :

ma mère

au lieu de dire **emme, a, ma; emme,
è, mè, erre, e, re;** dites et faites leur
dire **me, a, ma; me, è, mè; re, e, re.**

Ou bien encore, sans leur donner
la peine d'épeler, faites prononcer
tout de suite :

ma mè - re.

De même pour les consonnes doubles ou composées de deux ou plu-
sieurs lettres inséparables, faites-les
nommer comme si elles n'étaient
composées que d'un seul caractère.

Ainsi pour **mm, nn, pp, tt, rr, ss,** faites-leur dire seulement **me, ne, pe, te, re, se;**

Pour **ch, ph, th,** dites avec eux **che, fe, te;**

Pour **se, sp, st,** etc., dites et prononcez **sque, spe, ste,** etc.

Enfin pour **ill,** dites **ye.**

Nous n'insistons point là-dessus. Cette méthode est assez généralement suivie pour que nous soyons dispensé d'en montrer les principes et les avantages.

Quelques mots seulement sur notre Alphabet.

Il est divisé en un grand nombre de petites leçons, comme il convient à l'enfance.

On peut faire lire un petit enfant trois ou quatre fois par jour et par tres-courtes séances.

Trois lettres nous ont paru suffire pour chaque séance.

Aussi avons-nous composé chaque leçon de trois lettres seulement et de leurs diverses combinaisons.

Quelques enfants n'apprendront guère plus d'une leçon par jour; d'autres iront à deux ou trois; peu dépasseront cette limite.

Encore est-il nécessaire de revenir pour tous, chaque jour, à leurs leçons de la veille, afin de s'assurer qu'ils ne les ont pas oubliées et pour les mieux graver dans leur mémoire.

Nous avons cherché par tous les moyens possibles à leur éviter l'ennui que leur cause toujours leur premier livre, ennui qui les dégoûte trop souvent du second et de tous ceux qui suivent.

Ainsi nous pensons que le choix et la distribution des caractères seront remarqués des parents et des maîtres, et que surtout ils plairont aux pauvres petits enfants.

Puissent-ils, ces chers petits, aimer notre livre et n'en jamais mouiller les feuillets d'une seule larme.

Première Leçon

TROIS VOYELLES SIMPLES

a é i

Exercice

a	é	a	i	a
é	a	é	i	é
i	a	i	é	i

Deuxième Leçon

TROIS AUTRES VOYELLES SIMPLES

o u y

Exercice

o	u	o	y
u	o	u	y
y	o	y	u

Troisième Leçon

TROIS SORTES D'é

e · é · è

Exercice

e	é	e	è
é	e	é	è
è	e	è	é

Quatrième Leçon

VOYELLES LONGUES

â

ê ô î

û

Exercice

â ô û î

ê û î â ô

û î â ê

Cinquième Leçon

RÉCAPITULATION

a

u o é

i

y

Sixième Leçon

TROIS CONSONNES

b c d

Premier Exercice

b	c	b	d
c	d	c	d
d	b	d	c

Deuxième Exercice

ba	be	bi	bo	bu
ca	ce	ci	co	cu
da	de	di	do	du

Septième Leçon

TROIS AUTRES CONSONNES

f g h

Premier Exercice

f	g	f	h
g	f	g	h
h	f	h	g

Deuxième Exercice

fa	fe	fi	fo	fu
ga	ge	gi	go	gu
ha	he	hi	ho	hu

Huitième Leçon

TROIS AUTRES CONSONNES

j   k   l

Premier Exercice

j	k	j	l
k	j	k	l
l	j	l	k

Deuxième Exercice

ja	je	ji	jo	ju	j'y
ka	ke	ki	ko	ku	ky
la	le	li	lo	lu	ly

Neuvième Leçon

TROIS AUTRES CONSONNES

m n p

Premier Exercice

m	n	m	p
n	m	n	p
p	m	p	n

Deuxième Exercice

ma	me	mi	mo	mu	my
na	ne	ni	no	nu	ny
pa	pe	pi	po	pu	py

Dixième Leçon

TROIS AUTRES CONSONNES

q r s

Premier Exercice

q	r	q s
r	q	r s
s	q	s r

Deuxième Exercice

qua	que	qui	quo	qû	quy
ra	re	ri	ro	ru	ry
sa	se	si	so	su	sy

Onzième Leçon

TROIS AUTRES CONSONNES

t v z

Premier Exercice

t	v	t	z
v	t	v	z
z	t	z	v

Deuxième Exercice

ta	te	ti	to	tu	ty
va	ve	vi	vo	vu	vy
za	ze	zi	zo	zu	zy

Douzième Leçon

DEUX CONSONNES DOUBLES ET LE Ç CÉDILLE

Ç X W

Premier Exercice

Ç	X	Ç	W
X	Ç	X	W
W	Ç	W	X

Deuxième Exercice

ça	ce	ci	ço	çu	cy
xa	xe	xi	xo	xu	xy
wa	we	wi	wo	wu	wy

DE L'ENFANT JÉSUS.

Treizième Leçon

RÉCAPITULATION

a â e é è ê i î
o ô u û y

b c ç d f g h
j k l m n p q
r s t v w x z

Quatorzième Leçon

QUATRE LETTRES DIFFICILES A DISTINGUER

b · d · p · q

Premier Exercice

b d p b q
d b d p d q
p b d p q

Deuxième Exercice

ba da ba pa ba qua
de be de pe de que
pi bi pi di pi qui
qui bi qui di qui pi

Quinzième Leçon

QUELQUES MAJUSCULES A APPRENDRE
DÈS A PRÉSENT

L . P
R . J . M
T . S

Exercice

P M S T J L R
T R L J S P M

Seizième Leçon

Mots à lire

Papa, lune, midi, mère, tête.

Phrases à lire

Papa a lu une page.
La page est sale.
La lune est pâle.
La lune se lève.
Je me lève à midi.
Papa lève la tête.
Ma mère a fini.

Dix-septième Leçon

Mots à lire

Dame, âme, bobo, coco, dodo, tête, bête, fête.

Phrases à lire

Ta petite âme est pure.
La dame a fini sa robe.
La petite dame se pâme.
Rose a du bobo à la tête.
René a bu du coco.
La petite fera dodo.
Rose a vu une bête.
Marie va à la fête.

Dix-huitième Leçon

Mots à lire

Rome, Paris, cage, café, rôti, lime, lame, pavé.

Phrases à lire

La cage est dorée.
Le café est sucré.
La lime est fine.
René a une lame.
La bonne lave le pavé.
Le pape est à Rome.
J'habite Paris.

Dix-neuvième Leçon

—o0o—

RÉSUMÉ

—o0o—

ALPHABET COMPLET

MINUSCULES

a b c d e
f g h i j k
l m n o p
q r s t u v
x y z
w æ œ ç

Vingtième Leçon

—◦◊◦—

RÉSUMÉ

—◦◊◦—

ALPHABET COMPLET

—

MAJUSCULES

A B C D E
F G H I J K
L M N O P
Q R S T U V
X Y Z
W Æ Œ Ç

Vingt-unième Leçon

VOYELLES COMPOSÉES

ai • ei • au
ou • eu

Exercice

ai	ei	ai	au	ai	ou	eu
ei	ai	au	ei	ou	ei	eu
au	ai	au	ei	ou	au	eu
ou	ai	eu	ei	au	ou	eu
eu	ai	eu	ei	eu	au	ou

Vingt-deuxième Leçon

ENCORE LES VOYELLES COMPOSÉES

ai ✕ eai ✕ ei

au ✕ eau

ou ✕ eu ✕ œu

Exercice

gai	geai	tei	pau	peau
sou	mou	pou	fou	rou
deu	teu	meu	seu	leu
vœu	nœu	veau	peau	l'eau
pai	mai	fai	tai	rai
tei	fei	lei	pei	rei

Vingt-troisième Leçon

RÉSUMÉ

VOYELLES COMPOSÉES

ai

ou • eu • au

ei

œu

eau

Vingt-quatrième Leçon

Mots à lire

Roseau, saule, taureau, poule, radeau, soupe.

Phrases à lire

Le roseau est fragile.
J'ai une tige de saule.
Le taureau mugira.
La poule caquettera.
Le radeau flotte sur l'eau.
J'aime la soupe.

Vingt-cinquième Leçon

Mots à lire

Meute, émeute, Madeleine, reine, rouleau, gâteau.

Phrases à lire

J'ai reçu le rouleau.
J'ai goûté le gâteau.
Madeleine a vu la meute.
Il y a eu une émeute.
J'ai la laine de l'agneau.
Madeleine a vu la reine.

Vingt-sixième Leçon.

VOYELLES NAZALES

n et **m** affectent également les voyelles
a e i o u y

an	am	en	em
in	im	yn	ym
on	om		
un	um		

Exercice

in	an	un	on	im	am
um	om	yn	en	ym	em
un	in	om	an	yn	un
en	on	ym	im	en	am
en	un	on	in	ym	om
im	an	em	yn	am	un

Vingt-septième Leçon.

Dans les voyelles nazales l'e et l'a devant l'i et l'u ne changent rien à la prononciation.

in ein im eim
ain im aim
un eun um eum

Exercice

um	im	eim	eum	aim	im
in	un	ein	eun	im	um
un	ain	eun	im	um	aim
un	im	ein	eun	ain	in

Vingt-huitième Leçon.

Mots à lire

Pain, vin, dindon, mouton, faim, pinson.

Phrases à lire

J'aime le pain blanc.
Romain a bu du vin.
Le dindon a la tête rouge.
J'aime bien le mouton.
Madeleine a faim.
Le pinson est en cage.

Vingt-nenvième Leçon

Tante, rente, maison, bandeau, ruban, leçon.

Phrases à lire

J'aime ma tante.
Jeudi j'aurai ma rente.
Madeleine a un ruban.
Ce bandeau est jaune d'or.
Ma cousine est à la maison.
Romain a su sa leçon.

Trentième Leçon

RÉSUMÉ

VOYELLES NASALES

on   an   yn

in   un

im   om

am   em

ain   ein

aim   eim

en

eun   eum

Trente-unième Leçon

Consonnes simples représentées par deux
ou trois lettres inséparables

ch ph gn ill qu

Premier Exercice

ch ph ch gn ch ill ch qu
ph ch ph gn ph ill ph qu
gn ch gn ph gh ill gn qu
ill ch ill ph ill gn ill qu

Deuxième Exercice

cha che chi cho chu
pha phe phi pho phu
gna gne gni gno gnu
qua que qui quo qû

Trente-deuxième Leçon

Mots à lire

Phare, rouille, bouchon, peigne, chaton, taquin.

Phrases à lire

J'ai vu un beau phare.

Mon couteau est rouillé.

Le bouchon est en liége.

J'ai un peigne fin.

J'ai vu un joli chaton.

Romain est un taquin.

Trente-troisième Leçon

L'h n'ajoute rien aux consonnes autres que le **c** et le **p**

d'h j'h l'h
m'h n'h s'h

Exercice

d'ha d'he d'hi d'ho d'hu
j'ha j'he j'hi j'ho j'hu
l'ha l'he l'hi l'ho l'hu
m'ha m'he m'hi m'ho m'hu
n'ha n'he n'hi n'ho n'hu
s'ha s'he s'hi s'ho s'hu

Trente-quatrième Leçon

Mots à lire

Chasse, selle, chausson, canne, pomme, pelle.

Phrases à lire

Papa va à la chasse.
J'ai une selle blanche.
J'ai un chausson de laine.
J'ai une canne de bambou.
La pomme tombe à terre.
Léon a trouvé une pelle.

Trente-cinquième Leçon

Les consonnes doubles se prononcent
comme les simples.

**bb cc ff gg ll mm
nn pp rr ss tt zz**

—∞—

Exercice

bba	bbe	bbi	bbo	bbu
cca	cce	cci	cco	ccu
ffa	ffe	ffi	ffo	ffu
	gga	ggo	ggu	
lla	lle	lli	llo	llu
mma	mme	mmi	mmo	mmu
nna	nne	nni	nno	nnu
ppa	rre	ssi	tto	zzu

Trente-sixième Leçon.

Mots à lire

Bosse, messe, fourrure, pousse, bonne, terre.

Phrases à lire

Le chameau a une bosse.
Le curé chante la messe.
La fourrure est chaude.
Le gazon pousse.
Ma bonne va à la messe.
La terre est ronde.

Trente-septième Leçon.

Diphthongues très-remarquables

oi oin

ne pas les confondre avec

io ion

Premier Exercice

io oi ion oin ion

Deuxième Exercice

moi toi soi foi loi
loin foin soin coin foin
moi moin soi soin roi
foi foin loi loin toi

Trente-huitième Leçon

Ne pas confondre

ai ei ieu oi ui

avec

ia ié ué io iu

— ◦◊◦ —

Premier Exercice

ai	ia	ei	ié	eu	ué
oi	io	ui	iu	oi	io

Deuxième Exercice

mai	mia	tei	tié	feu	fué
toi	tio	lui	liu	poi	pio
lai	lia	pei	pié	peu	pué
lai	toi	mai	lia	tio	mia
pei	lui	təi	pié	liu	tié

Trente-neuvième Leçon

Ne pas confondre non plus

ain ein oin uin

avec

ian ien ion iun

Premier Exercice

ain ian ein ien oin

Deuxième Exercice

pain	vian	sein	rien	soin
main	tian	tein	tien	foin
vian	tian	dian	rian	lian
vain	tain	daim	rain	lain
pain	main	vian	sein	tein
tian	sain	main	faim	sein

Quarantième Leçon

Mots à lire

Main, faim, pain, foin, cuire, poison, nuire, poisson, peine.

Phrases à lire

Donne-moi ta main droite.

Le jeune garçon a faim.

Le père donne du pain à l'enfant.

Le foin est de l'herbe séchée.

Ma mère fera cuire une pomme.

Le vice est un poison de l'âme.

Il ne faut nuire à personne.

Le poisson nage dans l'eau.

Ne fais de la peine à personne.

Quarante-unième Leçon

RÉSUMÉ

—∞—

Diphthongues

ia io iau

ié iai

ieu ui oi

Diphthongues nazales

ian ien

ion yon ien

oin uin

Quarante-deuxième Leçon

Ne pas confondre les syllabes directes avec
les syllabes inverses

ab	ba	ac	ca	ad	da
af	fa	ag	ga	ap	pa
ar	ra	ax	xa	az	za
eb	bé	ec	cé	ed	dé
ef	fé	eg	ge	ep	pe
il	li	if	fi	ir	ri
or	ro	of	fo	ol	lo
ub	bu	ur	ru	uf	fu
yr	ry	yp	py	yt	ty

Quarante-troisième Leçon

Mots à lire

Jardin, charbon,
balcon, barbe,
servante, barque.

—◦§◦—

Phrases à lire

Jean se promène au jardin.
Pierre casse du charbon.
Ma mère a paru au balcon.
Simon a la barbe rouge.
Louise est notre servante.
Pierre conduit la barque.

Quarante-quatrième Leçon

Consonnes composées

bl cl fl gl pl
br cr fr gr pr
dr lr vr

—∞—

Exercice

bla ble bli blo blu bly
cla cle cli clo clu cly
fla fle fli flo flu fly
gla gle gli glo glu gly

pla ple pli plo plu ply
bra bre bri bro bru bry
cra cre cri cro cru cry
fra fre fri fro fru fry
gra gre gri gro gru gry
pra pre pri pro pru pry
dra dre dri dro dru dry
tra tre tri tro tru try
vra vre vri vro vru vry

Quarante-cinquième Leçon

Mots à lire

Clou, bloc, place, glace, fraise, prune, croix, cri, fièvre, lèvre, poivre.

Phrases à lire

On lui plantera le clou
à la main.
On le couvrira d'un bloc
de marbre.

On le flagellera sur la place publique.

La glace couvre la rivière.

Maman, donne-moi cette fraise.

Donne-moi aussi cette prune.

On clouera le juste sur la croix.

J'ai jeté un cri de douleur.

J'ai la fièvre ; ma lèvre tremble.

Le poivre vient de l'Inde.

Quarante-sixième Leçon

Autres consonnes composées

ccl ffl ppl ccr

ffr ppr ttr

phl phr thr ps

Mots à lire

Ecclésiaste, efflanqué,
attrayante, accroissement
application, effroi,
apprendre, attraction,
phrygien.

Phrases à lire

Je lirai l'ecclésiaste.

Ce cheval est efflanqué.

Je manque d'application.

L'accroissement du blé.

L'effroi est une peur violente.

Je dois apprendre ma leçon.

Ma leçon est attrayante.

Ésope était phrygien.

Quarante-septième Leçon

Autres consonnes composées

sb sc sf sl sm sp
st sv sr
scl scr sgr spr str
sph sth squ spl

Exercice

Festin, lustre, geste, veste,
Justin, Nestor, esclandre,
presque, brusque, reste,
espoir, espérance, Phthie,
Paphlagonie, phalange,
splendide, construction,
construire.

Quarante-huitième Leçon

Les consonnes finales telles que **s, t, x, z**
ne se prononcent pas

Mots à lire

Pommes, poires, pêches, croix, raisins, voix, nez, prunes, noix.

Phrases à lire

Les pommes sont bonnes.
J'aime les poires d'été.

Les pêches viennent de la Perse.

Les raisins noirs sont mûrs.

On l'attachera sur une croix.

Entendez la voix de mon père.

Ne cassez pas les noix avec vos dents.

Chiffres

1	2	3	4	5
6	7	8	9	0

Exercice

3	2	2	7	4	8	7	0
0	1	8	3	5	4	6	5
3	2	1	6	7	5	8	0
6	1	3	7	8	2	7	4
7	0	4	3	3	2	8	7

FIN

RENOU ET MAULDE.

www.ingramcontent.com/pod-product-compliance
Lightning Source LLC
Chambersburg PA
CBHW070940280326
41934CB00009B/1953